Impressum
Verlag: BABADADA GmbH, Nedderfeld 112 , 22529 Hamburg
Geschäftsführer / Verlagsleitung: Harald Hof
Druck: Books on Demand GmbH, In de Tarpen 42, 22848 Norderstedt

Imprint
Publisher: BABADADA GmbH, Nedderfeld 112 , 22529 Hamburg, Germany
Managing Director / Publishing direction: Harald Hof
Print: Books on Demand GmbH, In de Tarpen 42, 22848 Norderstedt

el colegio
die Schule

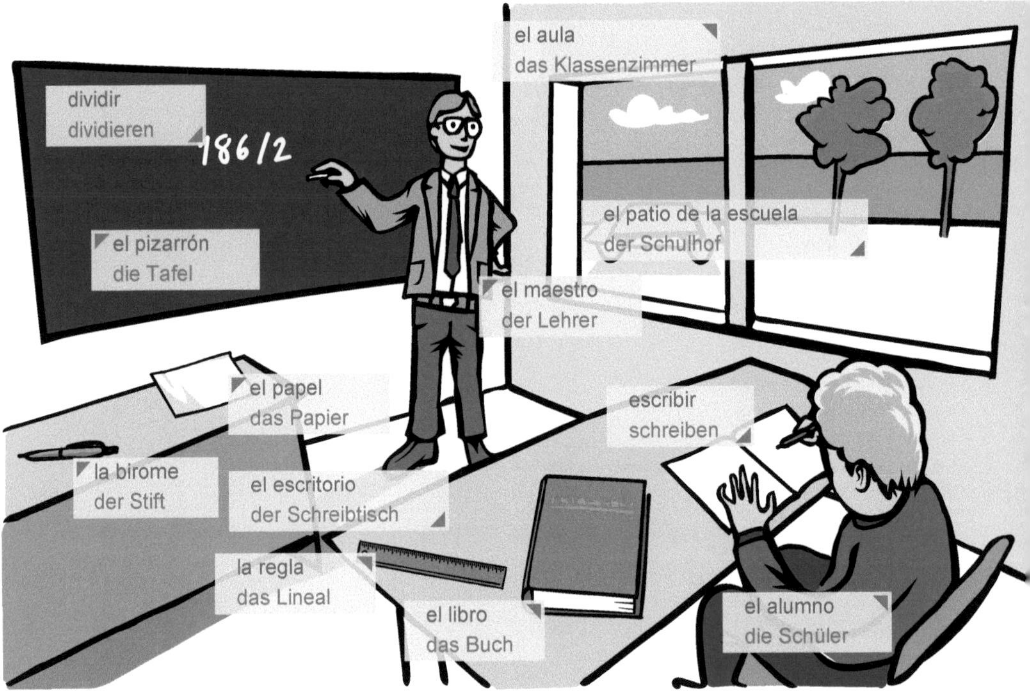
el aula
das Klassenzimmer
dividir
dividieren
186/2
el pizarrón
die Tafel
el patio de la escuela
der Schulhof
el maestro
der Lehrer
el papel
das Papier
escribir
schreiben
la birome
der Stift
el escritorio
der Schreibtisch
la regla
das Lineal
el libro
das Buch
el alumno
die Schüler

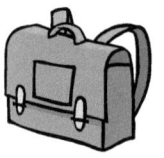

la mochila
der Ranzen

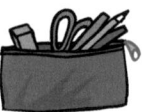

la caja de lápices
die Federmappe

el lápiz
der Bleistift

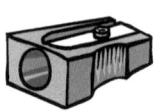

el sacapuntas
der Bleistiftanspitzer

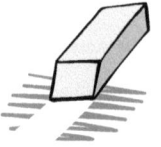

la goma (de borrar)
das Radiergummi

el bloc de dibujo
der Zeichenblock

el dibujo

die Zeichnung

el pincel

der Pinsel

la caja de pinturas

der Malkasten

la tijera

die Schere

el pegamento

der Klebstoff

el cuaderno de ejercicios

das Übungsheft

la tarea

die Hausaufgabe

el número

die Zahl

sumar

addieren

restar

subtrahieren

multiplicar

multiplizieren

calcular

rechnen

la letra

der Buchstabe

el abecedario

das Alphabet

la palabra

das Wort

el texto

der Text

leer

lesen

la tiza

die Kreide

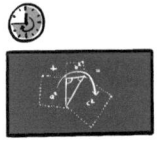

la lección

die Stunde

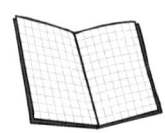

el cuaderno de clase

das Klassenbuch

el examen

die Prüfung

el certificado

das Zeugnis

el uniforme escolar

die Schuluniform

la educación

die Ausbildung

la enciclopedia

das Lexikon

la universidad

die Universität

el microscopio

das Mikroskop

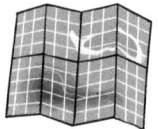

el mapa

die Karte

el tacho (de basura)

der Papierkorb

el viaje
die Reise

Grand
el hotel
das Hotel
el hostel
die Herberge
ROOMS
la casa de cambio
die Wechselstube
la valija
der Koffer
el auto
das Auto

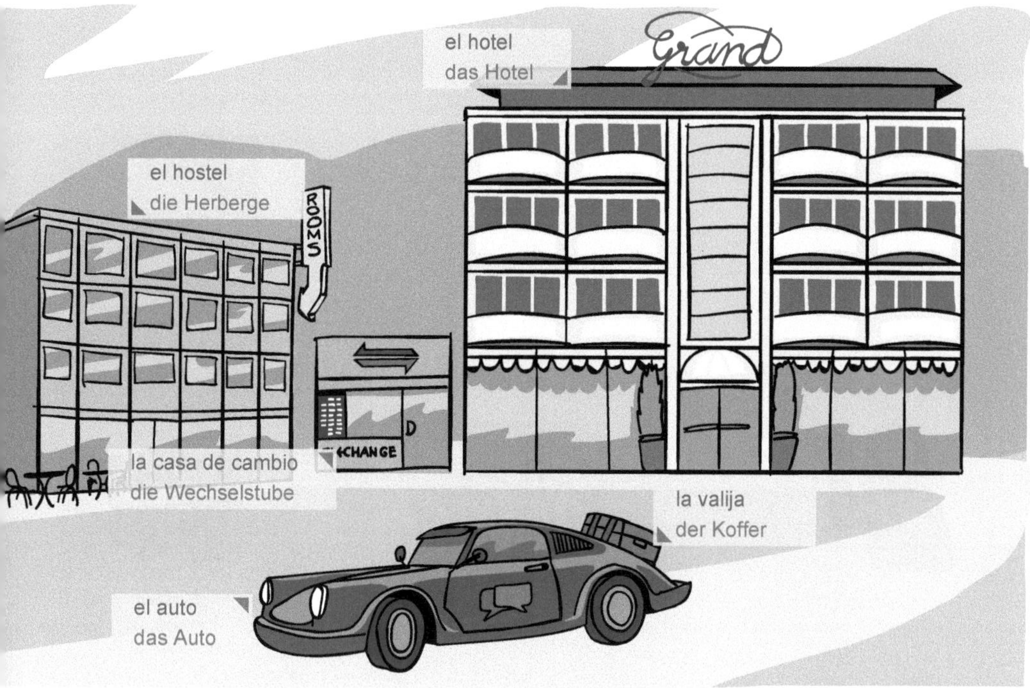

el idioma

die Sprache

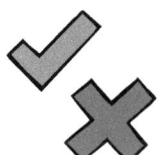

sí / no

ja / nein

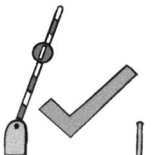

Está bien

Okay

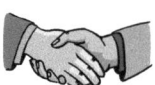

hola

Hallo

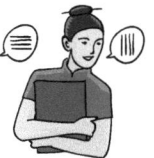

el traductor

der Übersetzer

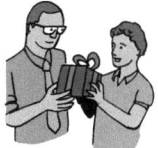

Gracias

Danke

¿cuánto cuesta…?

Was kostet…?

No entiendo

Ich verstehe nicht

el problema

das Problem

¡Buenas tardes!

Guten Abend!

¡Buenos días!

Guten Morgen!

¡Buenas noches!

Gute Nacht!

el adiós

Auf Wiedersehen

la dirección

die Richtung

el equipaje

das Gepäck

el bolso

die Tasche

la mochila

der Rucksack

el invitado

der Gast

la habitación

das Zimmer

la bolsa de dormir

der Schlafsack

la carpa

das Zelt

el viaje - die Reise

la información turística

die Touristeninformation

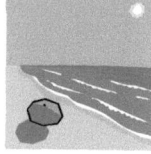

la playa

der Strand

la tarjeta de crédito

die Kreditkarte

el desayuno

das Frühstück

el almuerzo

das Mittagessen

la cena

das Abendessen

el pasaje

die Fahrkarte

el ascensor

der Fahrstuhl

el sello

die Briefmarke

la frontera

die Grenze

la aduana

der Zoll

la embajada

die Botschaft

la visa

das Visum

el pasaporte

der Pass

el transporte
der Transport

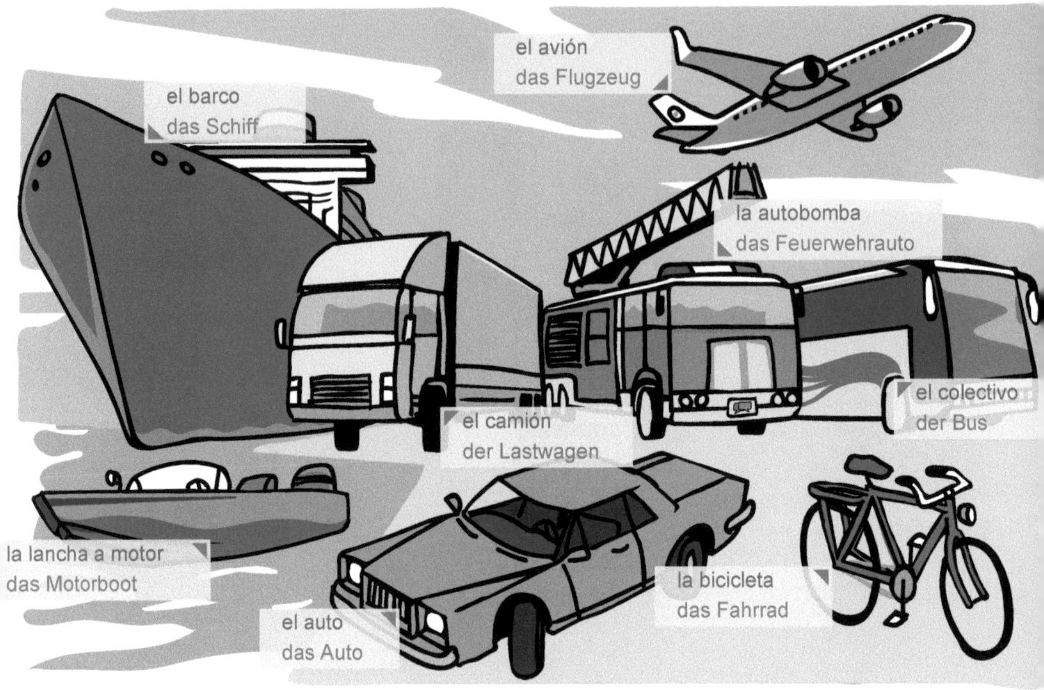
el avión
das Flugzeug
el barco
das Schiff
la autobomba
das Feuerwehrauto
el colectivo
der Bus
el camión
der Lastwagen
la lancha a motor
das Motorboot
la bicicleta
das Fahrrad
el auto
das Auto

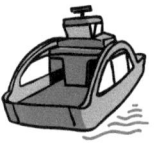

el ferry
die Fähre

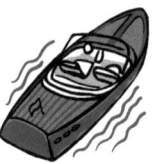

el bote
das Boot

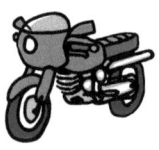

la moto
das Motorrad

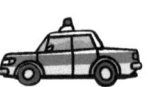

el patrullero
das Polizeiauto

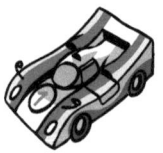

el auto de carreras
das Rennauto

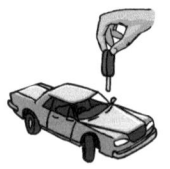

el auto de alquiler
der Mietwagen

el alquiler de autos

das Carsharing

la grúa

der Abschleppwagen

el camión de la basura

das Müllauto

el motor

der Motor

la nafta

der Kraftstoff

la estación de servicio

die Tankstelle

la señal de tránsito

das Verkehrsschild

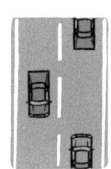

el tránsito

der Verkehr

el embotellamiento

der Stau

el estacionamiento

der Parkplatz

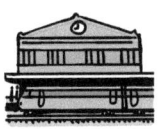

la estación de tren

der Bahnhof

las vías

die Schienen

el tren

der Zug

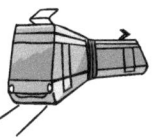

el tranvía

die Straßenbahn

el vagón

der Wagon

el helicóptero

der Helikopter

el aeropuerto

der Flughafen

la torre

der Tower

el pasajero

der Passagier

el contenedor

der Container

la caja de cartón

der Karton

la carretilla

der Karren

la canasta

der Korb

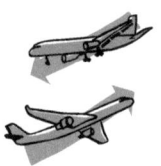

despegar / aterrizar

starten / landen

la ciudad
die Stadt

el pueblo

das Dorf

el centro de la ciudad

das Stadtzentrum

la casa

das Haus

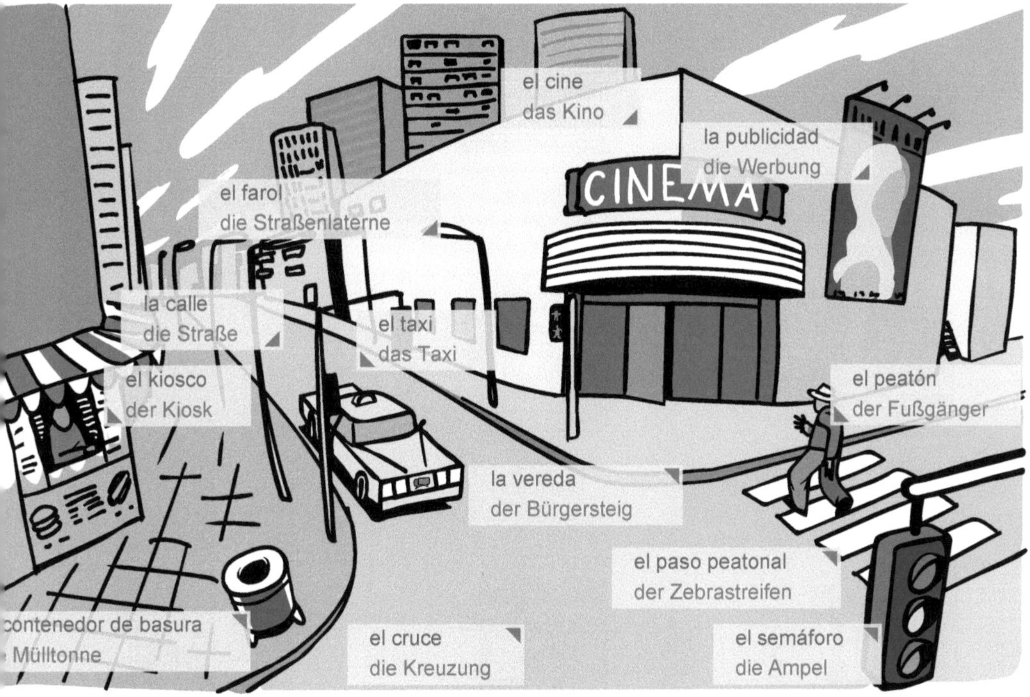

el cine
das Kino

la publicidad
die Werbung

el farol
die Straßenlaterne

CINEMA

la calle
die Straße

el taxi
das Taxi

el kiosco
der Kiosk

el peatón
der Fußgänger

la vereda
der Bürgersteig

el paso peatonal
der Zebrastreifen

el contenedor de basura
Mülltonne

el cruce
die Kreuzung

el semáforo
die Ampel

la cabaña
die Hütte

el departamento
die Wohnung

la estación de tren
der Bahnhof

la municipalidad
das Rathaus

el museo
das Museum

el colegio
die Schule

la ciudad - die Stadt

la universidad

die Universität

el banco

die Bank

el hospital

das Krankenhaus

el hotel

das Hotel

la farmacia

die Apotheke

la oficina

das Büro

la librería

die Buchhandlung

el negocio

das Geschäft

la florería

der Blumenladen

el supermercado

der Supermarkt

el mercado

der Markt

las grandes tiendas

das Kaufhaus

la pescadería

der Fischhändler

el centro comercial

das Einkaufszentrum

el puerto

der Hafen

el parque

der Park

el banco

die Bank

el puente

die Brücke

las escaleras

die Treppe

el subte

die U-Bahn

el túnel

der Tunnel

la parada del colectivo

die Bushaltestelle

el bar

die Bar

el restaurante

das Restaurant

el buzón

der Briefkasten

el letrero

das Straßenschild

el parquímetro

die Parkuhr

el zoológico

der Zoo

la pileta

die Badeanstalt

la mezquita

die Moschee

la granja

der Bauernhof

la contaminación

die Umweltverschmutzung

el cementerio

der Friedhof

la iglesia

die Kirche

los juegos infantiles

der Spielplatz

el templo

der Tempel

el paisaje
die Landschaft

la hoja
das Blatt

el poste indicador
der Wegweiser

el camino
der Weg

la pradera
die Wiese

la piedra
der Stein

el árbol
der Baum

el excursionista
der Wanderer

el río
der Fluss

la hierba
das Gras

la flor
die Blume

el valle

das Tal

la montaña

der Berg

el lago

der See

el bosque

der Wald

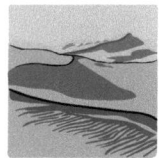

el desierto

die Wüste

el volcán

der Vulkan

el castillo

das Schloss

el arco iris

der Regenbogen

el champiñón

der Pilz

la palmera

die Palme

el mosquito

der Moskito

la mosca

die Fliege

la hormiga

die Ameise

la abeja

die Biene

la araña

die Spinne

el escarabajo

der Käfer

la rana

der Frosch

la ardilla

das Eichhörnchen

el erizo

der Igel

la liebre

der Hase

la lechuza

die Eule

el pájaro

die Vogel

el cisne

der Schwan

el jabalí

das Wildschwein

el ciervo

der Hirsch

el alce

der Elch

la presa

der Staudamm

el aerogenerador

das Windrad

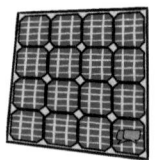

el panel solar

das Solarmodul

el clima

das Klima

el restaurante
das Restaurant

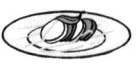

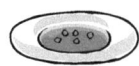

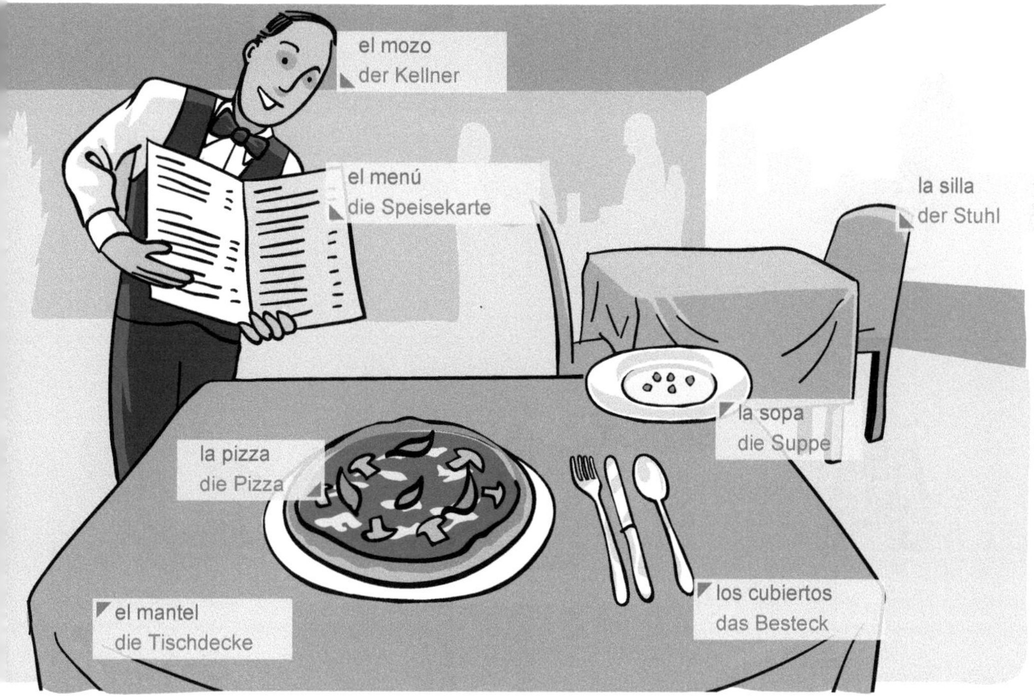
el mozo
der Kellner
el menú
die Speisekarte
la silla
der Stuhl
la sopa
die Suppe
la pizza
die Pizza
los cubiertos
das Besteck
el mantel
die Tischdecke

la entrada
....
die Vorspeise

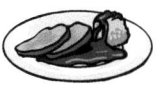

el plato principal
....
das Hauptgericht

el postre
....
die Nachspeise

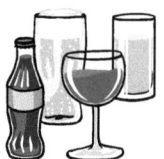

las bebidas
....
die Getränke

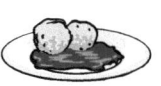

la comida
....
das Essen

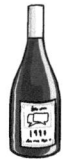

la botella
....
die Flasche

la comida rápida

das Fastfood

la comida callejera

das Streetfood

la tetera

die Teekanne

la azucarera

die Zuckerdose

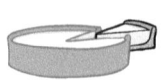

la porción

die Portion

la cafetera expreso

die Espressomaschine

la sillita alta

der Hochstuhl

la cuenta

die Rechnung

la bandeja

das Tablett

el cuchillo

das Messer

el tenedor

die Gabel

la cuchara

der Löffel

la cucharita

der Teelöffel

la servilleta

die Serviette

el vaso

das Glas

el restaurante - das Restaurant

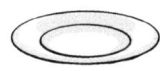

el plato

der Teller

el plato hondo

der Suppenteller

el plato

die Untertasse

la salsa

die Sauce

el salero

der Salzstreuer

el molinillo de pimienta

die Pfeffermühle

el vinagre

der Essig

el aceite

das Öl

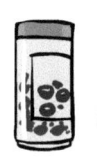

las especias

die Gewürze

el kétchup

das Ketchup

la mostaza

der Senf

la mayonesa

die Mayonnaise

el supermercado

der Supermarkt

la oferta especial
das Angebot
FOR
el cliente
der Kunde
los lácteos
die Milchprodukte
la fruta
das Obst
el changuito
der Einkaufswagen

BUTCHERS

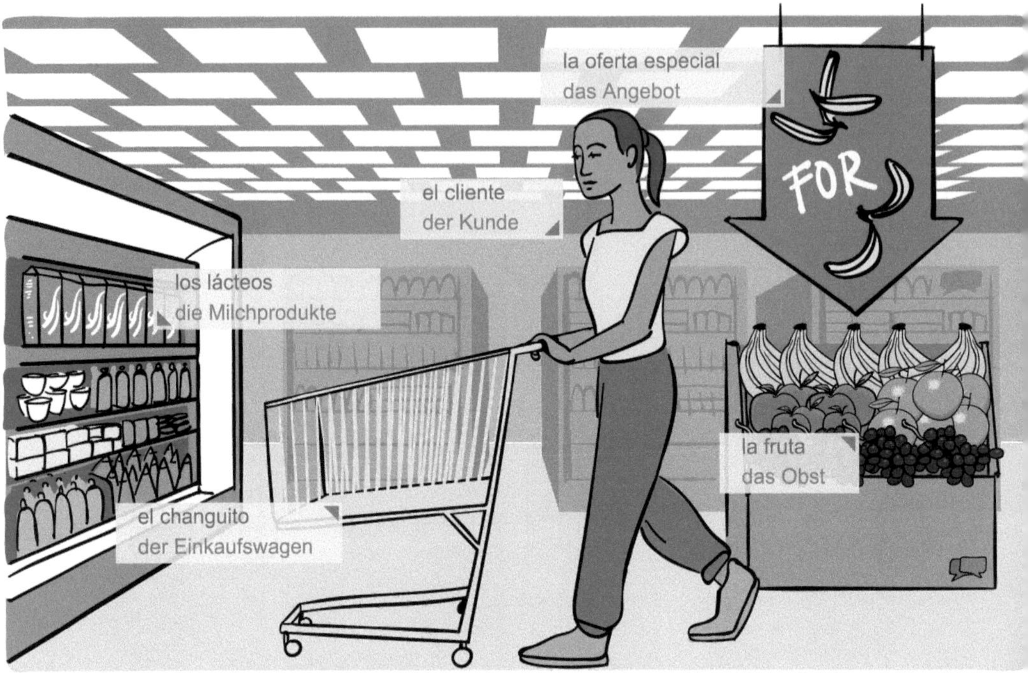

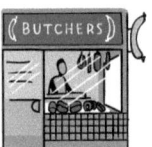

la carnicería

die Schlachterei

BAKERY

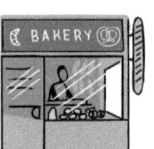

la panadería

die Bäckerei

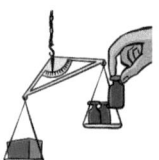

pesar

wiegen

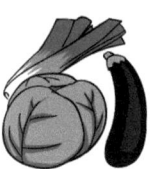

las verduras

das Gemüse

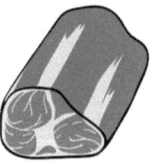

la carne

das Fleisch

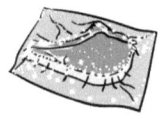

los alimentos congelados

die Tiefkühlkost

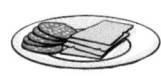

los fiambres

der Aufschnitt

los alimentos enlatados

die Konserven

el detergente en polvo

das Waschmittel

las golosinas

die Süßigkeiten

los electrodomésticos

die Haushaltsartikel

los productos de limpieza

das Reinigungsmittel

la vendedora

die Verkäuferin

la caja

die Kasse

el cajero

der Kassierer

la lista de compras

die Einkaufsliste

el horario de atención

die Öffnungszeiten

la billetera

die Brieftasche

la tarjeta de crédito

die Kreditkarte

la cartera

die Tasche

la bolsa de plástico

die Plastiktüte

el agua

das Wasser

el jugo

der Saft

la leche

die Milch

la bebida cola

die Cola

el vino

der Wein

la cerveza

das Bier

el alcohol

der Alkohol

el cacao

der Kakao

el té

der Tee

el café

der Kaffee

el café expreso

der Espresso

el cappuccino

der Cappuccino

la banana
die Banane

la manzana
der Apfel

la naranja
die Orange

el melón
die Melone

el limón
die Zitrone

la zanahoria
die Karotte

el ajo
der Knoblauch

el bambú
der Bambus

la cebolla
die Zwiebel

el champiñón
der Pilz

las nueces
die Nüsse

los fideos
die Nudeln

los tallarines

die Spaghetti

el arroz

der Reis

la ensalada

der Salat

las papas fritas

die Pommes frites

las papas fritas

die Bratkartoffeln

la pizza

die Pizza

la hamburguesa

der Hamburger

el sándwich

das Sandwich

el churrasco

das Schnitzel

el jamón

der Schinken

el salame

die Salami

la salchicha

die Wurst

el pollo

das Huhn

el asado

der Braten

el pescado

der Fisch

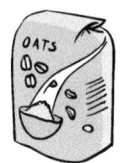

los copos de avena

die Haferflocken

el muesli

das Müsli

los copos de maíz

die Cornflakes

la harina

das Mehl

la medialuna

das Croissant

el pancito

das Brötchen

el pan

das Brot

la tostada

der Toast

las galletitas

die Kekse

la manteca

die Butter

la cuajada

der Quark

la torta

der Kuchen

el huevo

das Ei

el huevo frito

das Spiegelei

el queso

der Käse

el helado

die Eiscreme

el azúcar

der Zucker

la miel

der Honig

la mermelada

die Marmelade

la pasta de chocolate

die Nougat-Creme

el curry

das Curry

la granja
der Bauernhof

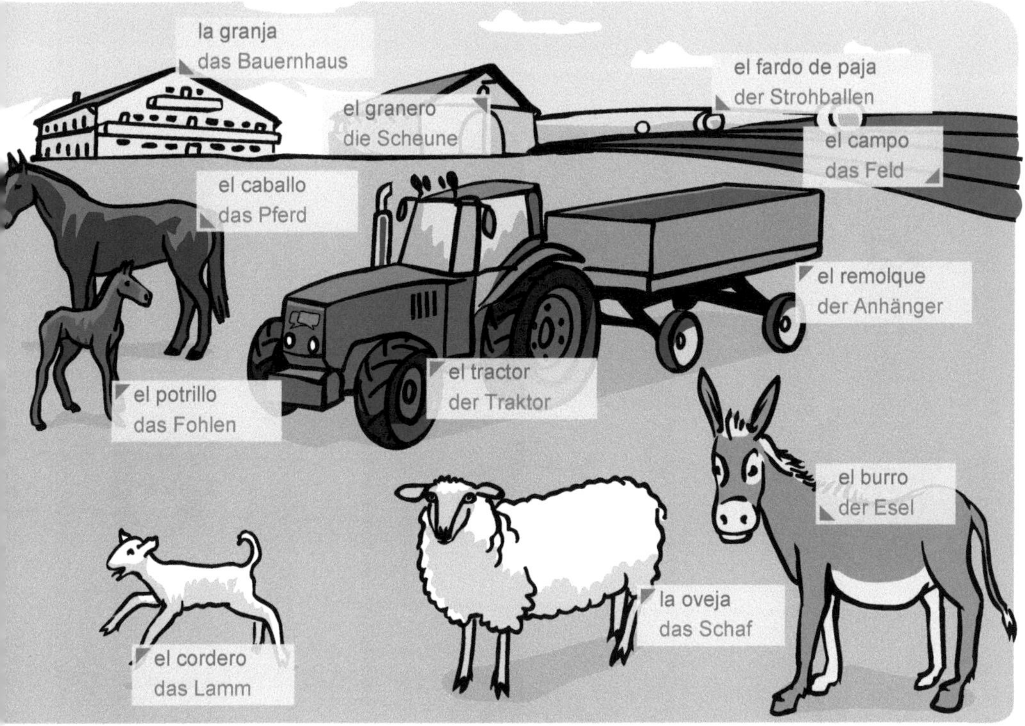
la granja
das Bauernhaus
el fardo de paja
der Strohballen
el granero
die Scheune
el campo
das Feld
el caballo
das Pferd
el remolque
der Anhänger
el tractor
der Traktor
el potrillo
das Fohlen
el burro
der Esel
la oveja
das Schaf
el cordero
das Lamm

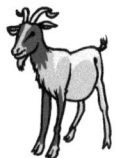

la cabra
die Ziege

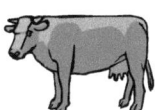

la vaca
die Kuh

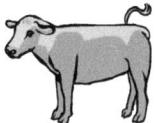

el ternero
das Kalb

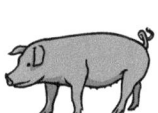

el cerdo
das Schwein

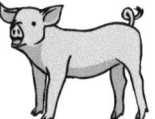

el lechón
das Ferkel

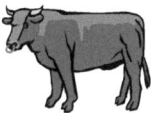

el toro
der Bulle

el ganso
die Gans

el pato
die Ente

el pollo
das Küken

la gallina
das Huhn

el gallo
der Hahn

la rata
die Ratte

el gato
die Katze

el ratón
die Maus

el buey
der Ochse

el perro
der Hund

la cucha
die Hundehütte

la manguera
der Gartenschlauch

la regadera
die Gießkanne

la guadaña
die Sense

el arado
der Pflug

la hoz

die Sichel

la azada

die Hacke

la horquilla

die Mistgabel

el hacha

die Axt

la carretilla

die Schubkarre

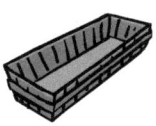

el abrevadero

der Trog

la lechera

die Milchkanne

la bolsa

der Sack

la reja

der Zaun

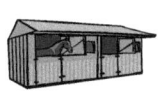

el establo

der Stall

el invernadero

das Treibhaus

el suelo

der Boden

la semilla

die Saat

el fertilizador

der Dünger

la cosechadora

der Mähdrescher

cosechar
ernten

la cosecha
die Ernte

las batatas
die Yamswurzel

el trigo
der Weizen

la soja
das Soja

la papa
die Kartoffel

el maíz
der Mais

la semilla de colza
der Raps

el árbol frutal
der Obstbaum

la mandioca
der Maniok

los cereales
das Getreide

la casa
das Haus

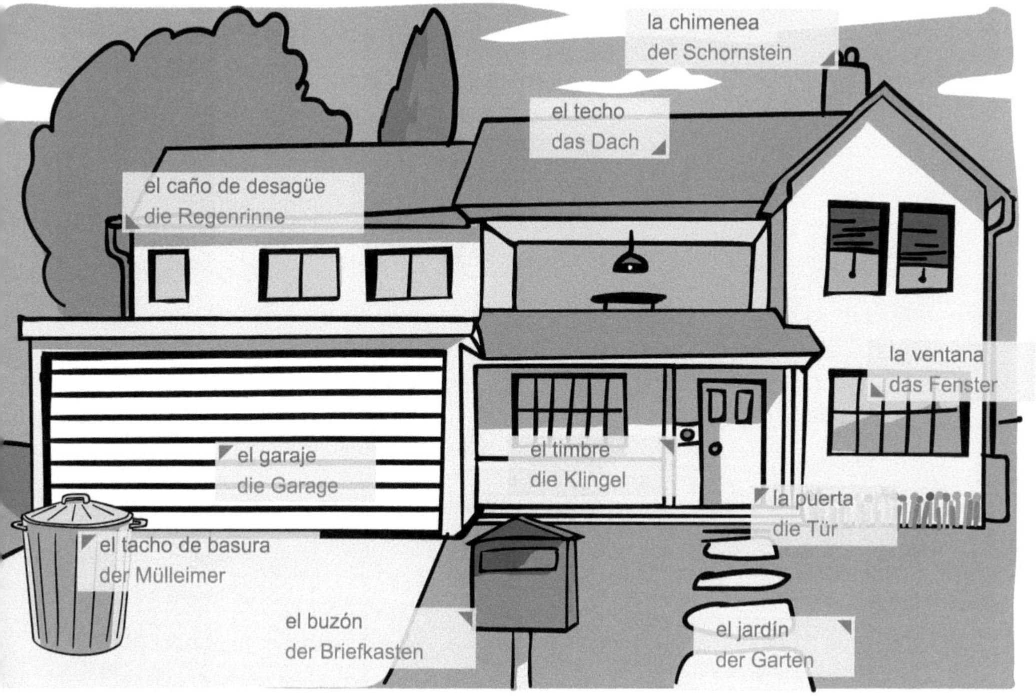
la chimenea
der Schornstein
el techo
das Dach
el caño de desagüe
die Regenrinne
la ventana
das Fenster
el garaje
die Garage
el timbre
die Klingel
la puerta
die Tür
el tacho de basura
der Mülleimer
el buzón
der Briefkasten
el jardín
der Garten

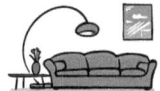

el living

das Wohnzimmer

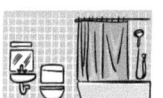

el baño

das Badezimmer

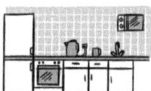

la cocina

die Küche

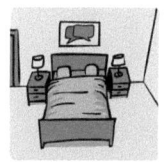

el dormitorio

das Schlafzimmer

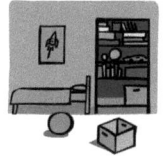

el cuarto de los chicos

das Kinderzimmer

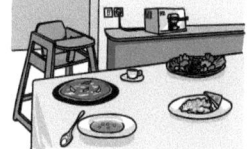

el comedor

das Esszimmer

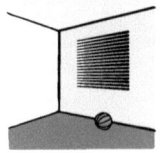

el piso

der Boden

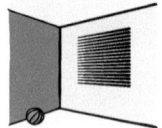

la pared

die Wand

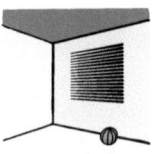

el cielorraso

die Decke

el sótano

der Keller

el sauna

die Sauna

el balcón

der Balkon

la terraza

die Terrasse

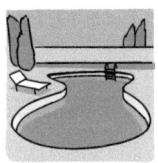

la pileta

das Schwimmbad

la cortadora de pasto

der Rasenmäher

la sábana

der Bettbezug

el acolchado

die Bettdecke

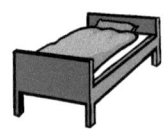

la cama

das Bett

la escoba

der Besen

el balde

der Eimer

el interruptor

der Schalter

el living
das Wohnzimmer

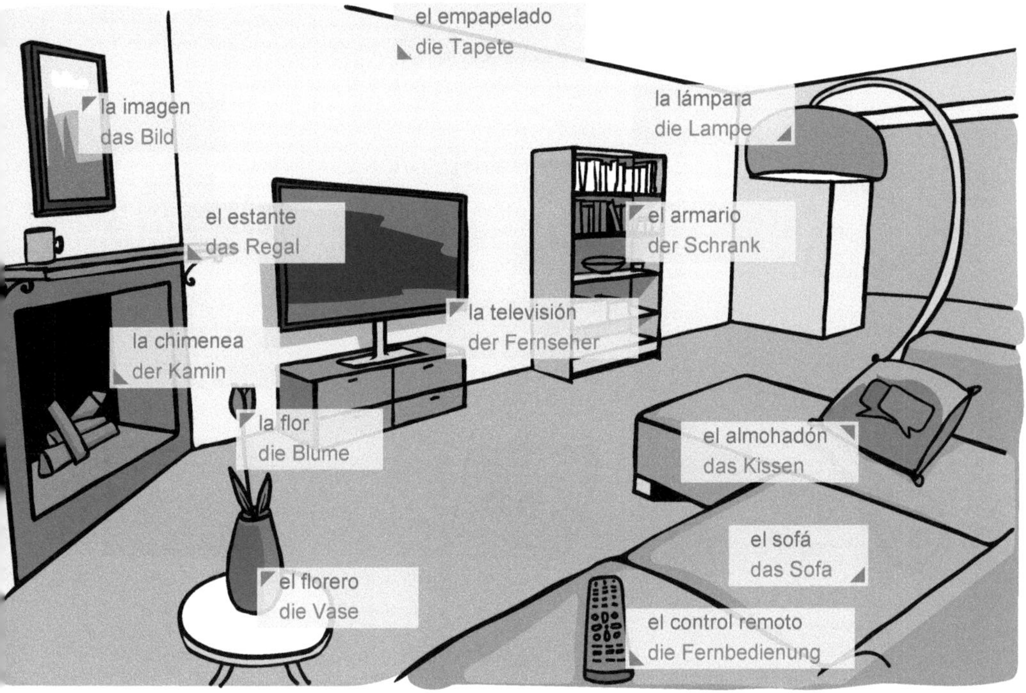

el empapelado
die Tapete
la imagen
das Bild
la lámpara
die Lampe
el estante
das Regal
el armario
der Schrank
la televisión
der Fernseher
la chimenea
der Kamin
la flor
die Blume
el almohadón
das Kissen
el sofá
das Sofa
el florero
die Vase
el control remoto
die Fernbedienung

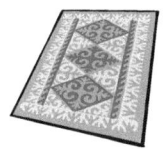

la alfombra

der Teppich

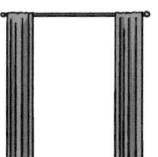

la cortina

der Vorhang

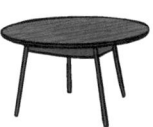

la mesa

der Tisch

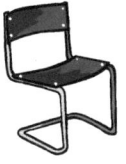

la silla

der Stuhl

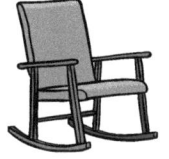

la mecedora

der Schaukelstuhl

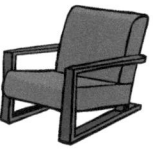

el sillón

der Sessel

el libro

das Buch

la frazada

die Decke

la decoración

die Dekoration

la leña

das Feuerholz

la película

der Film

el equipo de música

die Stereoanlage

la llave

der Schlüssel

el diario

die Zeitung

la pintura

das Gemälde

el póster

das Poster

la radio

das Radio

el cuaderno

der Notizblock

la aspiradora

der Staubsauger

el cactus

der Kaktus

la vela

die Kerze

la cocina
die Küche

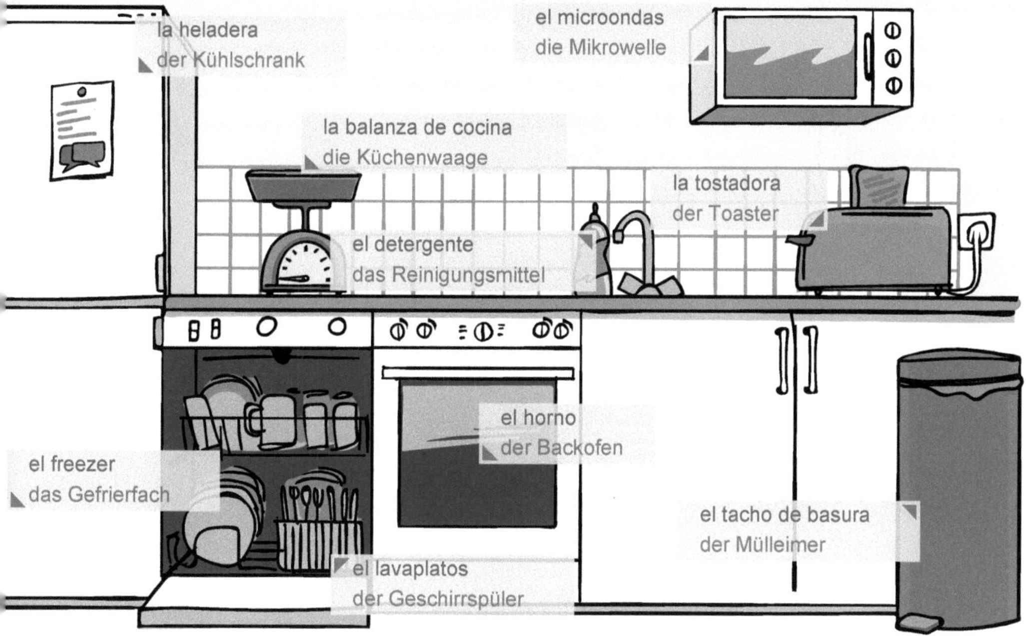
la heladera
der Kühlschrank
el microondas
die Mikrowelle
la balanza de cocina
die Küchenwaage
la tostadora
der Toaster
el detergente
das Reinigungsmittel
el horno
der Backofen
el freezer
das Gefrierfach
el tacho de basura
der Mülleimer
el lavaplatos
der Geschirrspüler

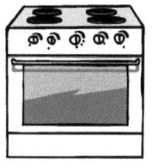

la cocina
der Herd

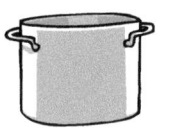

la olla
der Topf

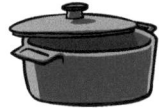

la olla de hierro fundido
der Eisentopf

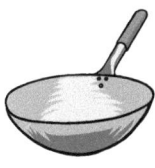

el wok
der Wok / Kadai

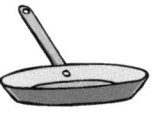

la sartén
die Pfanne

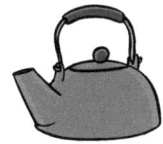

la pava
der Wasserkocher

la vaporera

der Dampfgarer

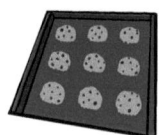

la bandeja de horno

das Backblech

la vajilla

das Geschirr

la taza

der Becher

el bol

die Schale

los palitos

die Essstäbchen

el cucharón

die Suppenkelle

la espátula

der Pfannenwender

la batidora

der Schneebesen

el colador

das Kochsieb

el colador

das Sieb

el rallador

die Reibe

el mortero

der Mörser

la parrilla

der Grill

la fogata

die Feuerstelle

la tabla de picar

das Schneidebrett

el palo de amasar

das Nudelholz

el sacacorchos

der Korkenzieher

la lata

die Dose

el abrelatas

der Dosenöffner

la manopla

der Topflappen

la pileta

das Waschbecken

el cepillo

die Bürste

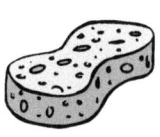

la esponja

der Schwamm

la batidora

der Mixer

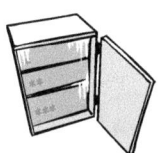

el congelador

die Gefriertruhe

la mamadera

die Babyflasche

la canilla

der Wasserhahn

el baño

das Badezimmer

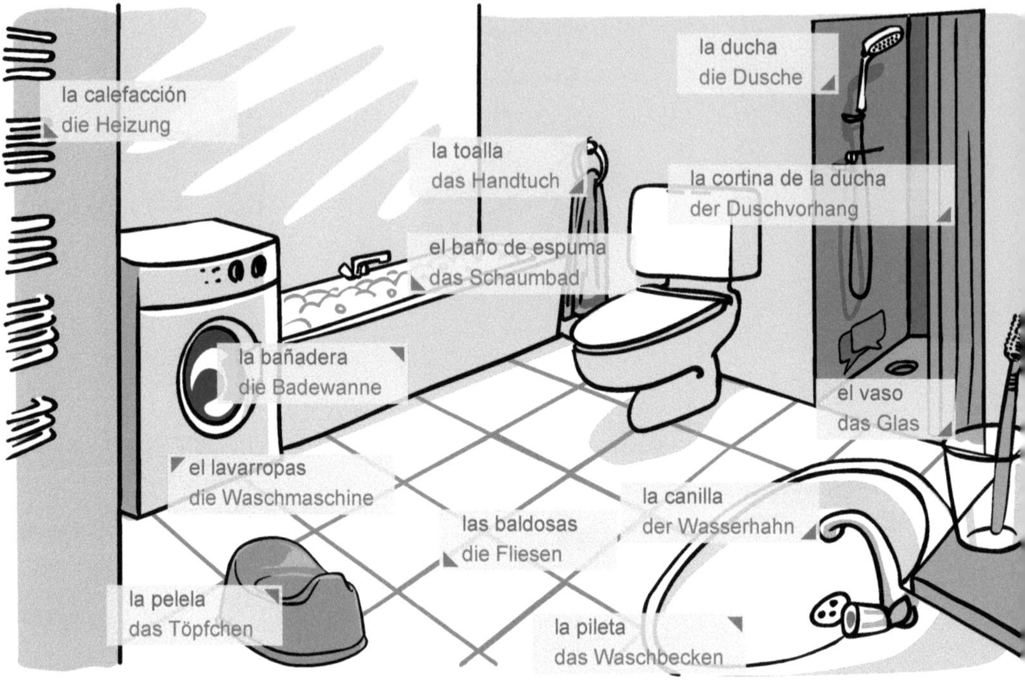
la calefacción
die Heizung
la toalla
das Handtuch
la ducha
die Dusche
la cortina de la ducha
der Duschvorhang
el baño de espuma
das Schaumbad
la bañadera
die Badewanne
el vaso
das Glas
el lavarropas
die Waschmaschine
la canilla
der Wasserhahn
las baldosas
die Fliesen
la pelela
das Töpfchen
la pileta
das Waschbecken

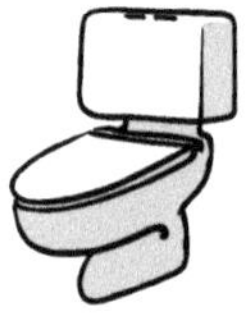

el inodoro

die Toilette

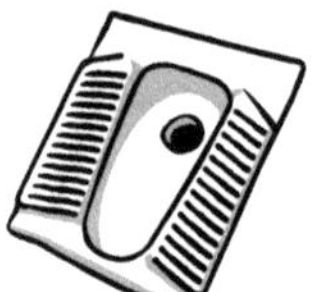

la letrina

die Hocktoilette

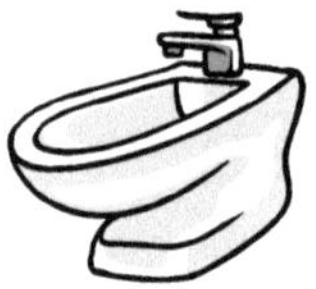

el bidé

das Bidet

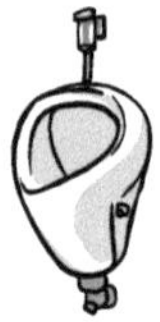

el mingitorio

das Pissoir

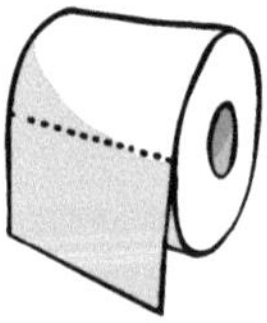

el papel higiénico

das Toilettenpapier

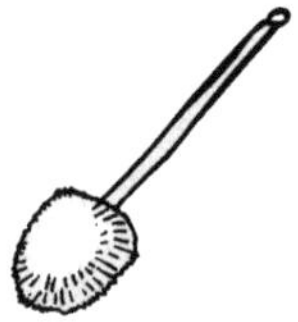

el cepillo para el inodoro

die Toilettenbürste

el cepillo de dientes

die Zahnbürste

el dentífrico

die Zahnpasta

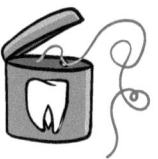

el hilo dental

die Zahnseide

lavar

waschen

la ducha de mano

die Handbrause

la ducha higiénica

die Intimdusche

la palangana

die Waschschüssel

el cepillo para la espalda

die Rückenbürste

el jabón

die Seife

el gel de ducha

das Duschgel

el shampoo

das Shampoo

la toallita

der Waschlappen

el desagüe

der Abfluss

la crema

die Creme

el desodorante

das Deodorant

el espejo

der Spiegel

el espejito

der Kosmetikspiegel

la maquinita de afeitar

der Rasierer

la espuma de afeitar

der Rasierschaum

el aftershave

das Rasierwasser

el peine

der Kamm

el cepillo

die Bürste

el secador de pelo

der Föhn

el spray

das Haarspray

el maquillaje

das Makeup

el lápiz de labios

der Lippenstift

el esmalte para uñas

der Nagellack

el algodón

die Watte

la tijera para uñas

die Nagelschere

el perfume

das Parfum

el portacosméticos

der Kulturbeutel

la banqueta

der Hocker

la balanza

die Waage

la bata

der Bademantel

los guantes de goma

die Gummihandschuhe

el tampón

das Tampon

la toallita femenina

die Damenbinde

el baño químico

die Chemietoilette

el cuarto de los chicos

das Kinderzimmer

el despertador
der Wecker
el peluche
das Kuscheltier
el coche de juguete
das Spielzeugauto
el sonajero
die Rassel
la casa de muñecas
das Puppenhaus
el regalo
das Geschenk

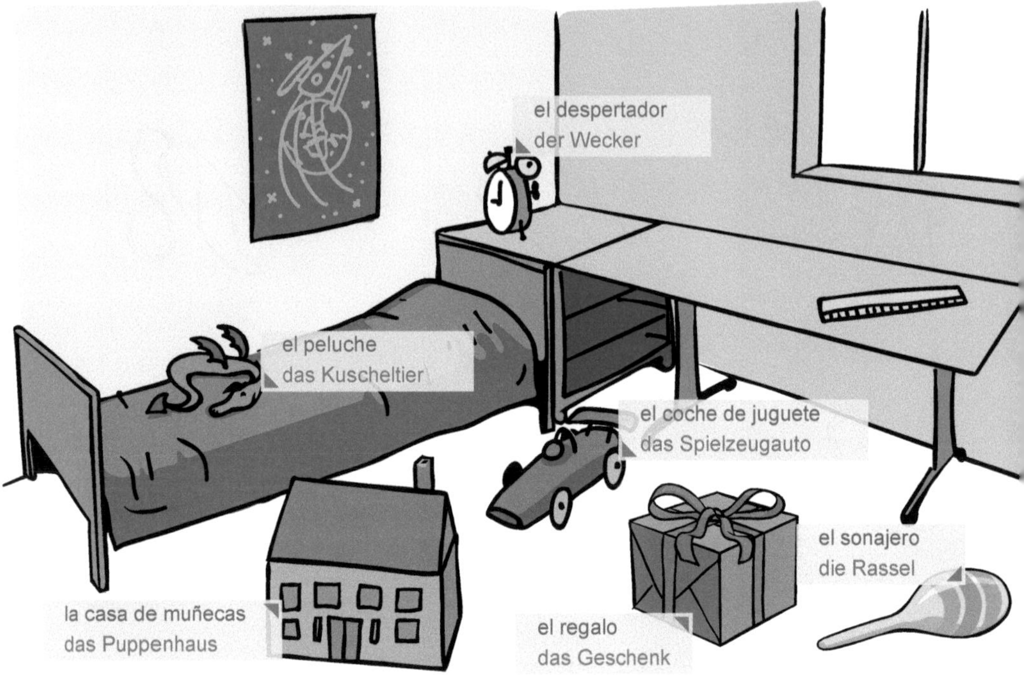

el globo

der Ballon

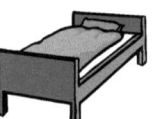

la cama

das Bett

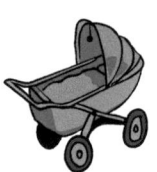

el cochecito

der Kinderwagen

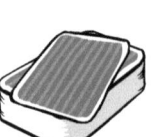

las cartas

das Kartenspiel

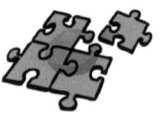

el rompecabezas

das Puzzle

SUPER
MEGA

la historieta

der Comic

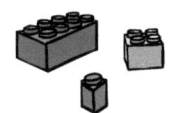

las piezas de lego

die Legosteine

los ladrillos de juguete

die Bausteine

la figura de acción

die Action Figur

el enterito (de bebé)

der Strampelanzug

el frisbee

das Frisbee

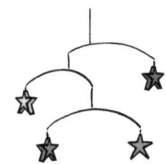

el móvil para bebés

das Mobile

el juego de mesa

das Brettspiel

los dados

der Würfel

el tren eléctrico

die Modelleisenbahn

el chupete

der Schnuller

la fiesta

die Party

el libro de cuentos ilustrado

das Bilderbuch

la pelota

der Ball

la muñeca

die Puppe

jugar

spielen

el arenero

der Sandkasten

la hamaca

die Schaukel

los juguetes

das Spielzeug

la consola de videojuegos

die Spielkonsole

el triciclo

das Dreirad

el osito de peluche

der Teddy

el armario

der Kleiderschrank

la ropa
die Kleidung

las medias

die Socken

las medias panty

die Strümpfe

las calzas

die Strumpfhose

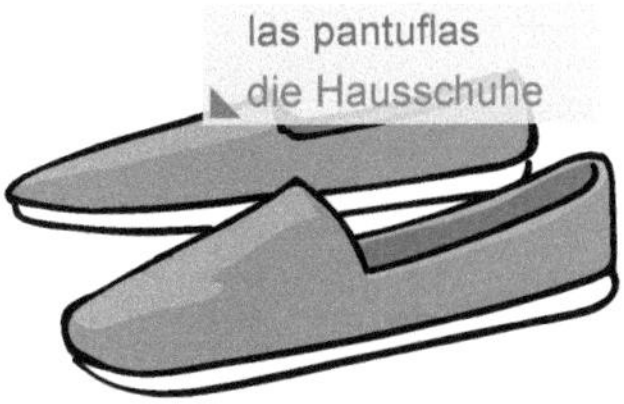

la bufanda
der Schal

el paraguas
der Regenschirm

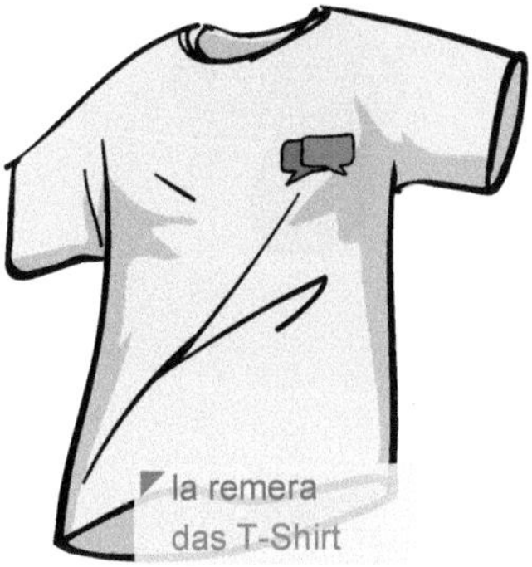

la remera
das T-Shirt

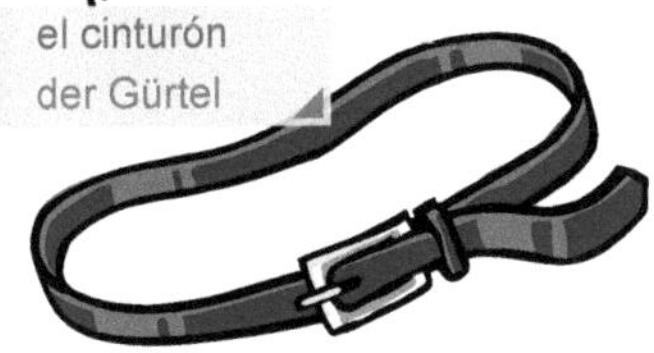

el cinturón
der Gürtel

las botas
der Stiefel

las pantuflas
die Hausschuhe

las zapatillas
die Turnschuhe

las sandalias
die Sandalen

los zapatos
die Schuhe

las botas de goma
die Gummistiefel

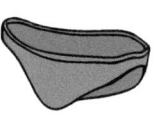

la ropa interior
die Unterhose

el corpiño
der Büstenhalter

el chaleco
das Unterhemd

la ropa - die Kleidung

el body

der Body

los pantalones

die Hose

los jeans

die Jeans

la pollera

der Rock

la blusa

die Bluse

la camisa

das Hemd

el pulóver

der Pullover

el buzo

der Kapuzenpullover

el blazer

der Blazer

la campera

die Jacke

el tapado

der Mantel

el piloto

der Regenmantel

el traje

das Kostüm

el vestido

das Kleid

el vestido de novia

das Hochzeitskleid

el traje

der Anzug

el camisón

das Nachthemd

el pijama

der Schlafanzug

el sari

der Sari

el pañuelo para la cabeza

das Kopftuch

el turbante

der Turban

la burka

die Burka

el caftán

der Kaftan

la abaya

die Abaya

el traje de baño

der Badeanzug

el short de baño

die Badehose

los shorts

die kurze Hose

el jogging

der Trainingsanzug

el delantal

die Schürze

los guantes

die Handschuhe

el botón

der Knopf

los anteojos

die Brille

!a pulsera

das Armband

el collar

die Halskette

el anillo

der Ring

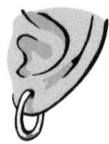

el aro

der Ohrring

la gorra

die Mütze

la percha

der Kleiderbügel

el sombrero

der Hut

la corbata

die Krawatte

el cierre

der Reißverschluss

el casco

der Helm

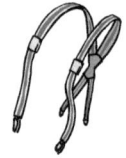

los tiradores

der Hosenträger

el uniforme escolar

die Schuluniform

el uniforme

die Uniform

el babero

das Lätzchen

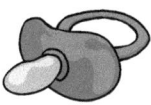

el chupete

der Schnuller

el pañal

die Windel

la oficina
das Büro

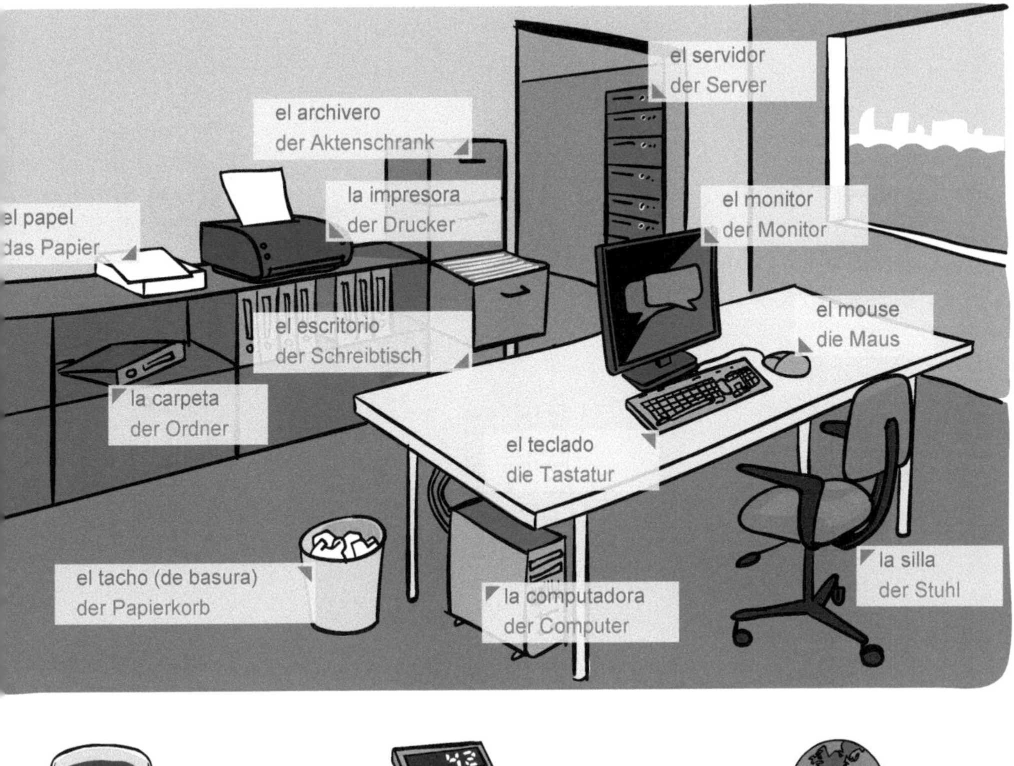

el servidor
der Server

el archivero
der Aktenschrank

la impresora
der Drucker

el papel
das Papier

el monitor
der Monitor

el escritorio
der Schreibtisch

el mouse
die Maus

la carpeta
der Ordner

el teclado
die Tastatur

el tacho (de basura)
der Papierkorb

la computadora
der Computer

la silla
der Stuhl

la taza de café

der Kaffeebecher

la calculadora

der Taschenrechner

el internet

das Internet

la laptop
der Laptop

la carta
der Brief

el mensaje
die Nachricht

el celular
das Handy

la red
das Netzwerk

la fotocopiadora
der Kopierer

el software
die Software

el teléfono
das Telefon

el tomacorriente
die Steckdose

el fax
das Fax

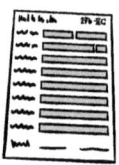

el formulario
das Formular

el documento
das Dokument

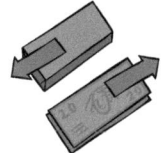

comprar

kaufen

pagar

bezahlen

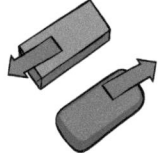

hacer negocios

handeln

el dinero

das Geld

el dólar

der Dollar

el euro

der Euro

el yen

der Yen

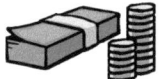

el rublo

der Rubel

el franco suizo

der Franken

el yuan

der Renminbi Yuan

la rupia

die Rupie

el cajero automático

der Geldautomat

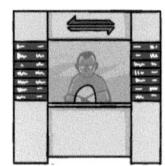

la casa de cambio

die Wechselstube

el oro

das Gold

la plata

das Silber

el petróleo

das Öl

la energía

die Energie

el precio

der Preis

el contrato

der Vertrag

el impuesto

die Steuer

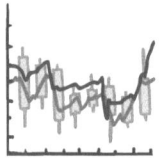

la acción

die Aktie

trabajar

arbeiten

el empleado

der Angestellte

el empleador

der Arbeitgeber

la fábrica

die Fabrik

el negocio

das Geschäft

las ocupaciones
die Berufe

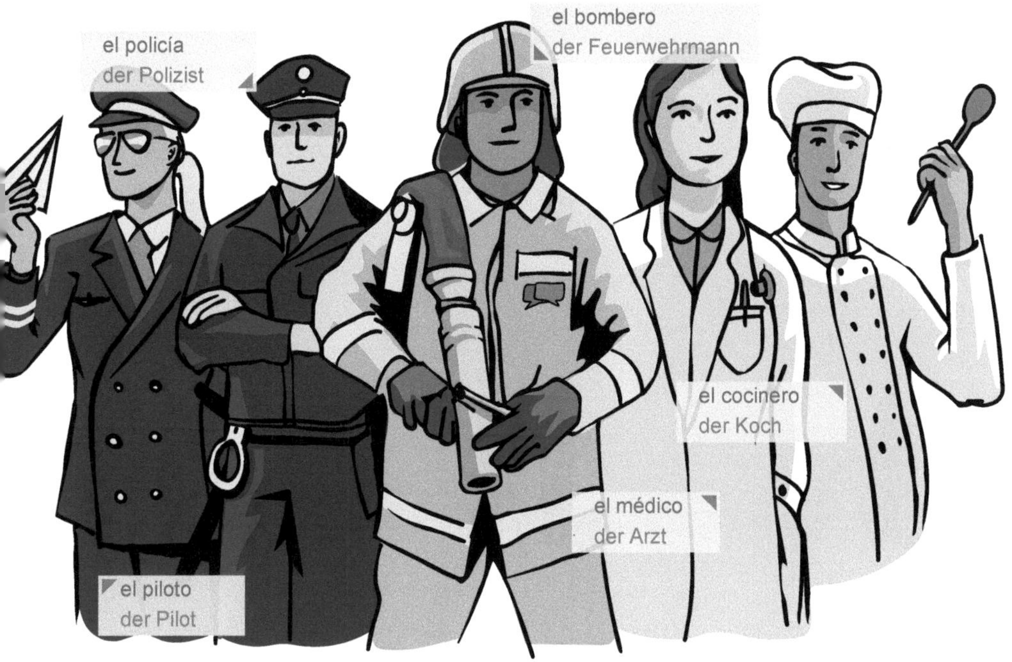
el policía
der Polizist
el bombero
der Feuerwehrmann
el cocinero
der Koch
el médico
der Arzt
el piloto
der Pilot

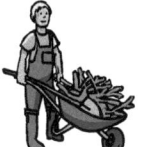

el jardinero
der Gärtner

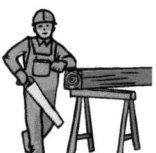

el carpintero
der Tischler

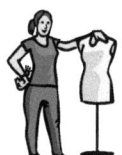

la modista
die Näherin

el juez
der Richter

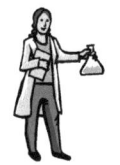

el farmacéutico
der Chemiker

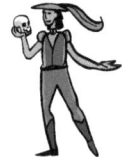

el actor
der Schauspieler

el colectivero

der Busfahrer

el taxista

der Taxifahrer

el pescador

der Fischer

la mucama

die Putzfrau

el techista

der Dachdecker

el mozo

der Kellner

el cazador

der Jäger

el pintor

der Maler

el panadero

der Bäcker

el electricista

der Elektriker

el albañil

der Bauarbeiter

el ingeniero

der Ingenieur

el carnicero

der Schlachter

el plomero

der Klempner

el cartero

der Postbote

el soldado

der Soldat

el arquitecto

der Architekt

el cajero

der Kassierer

el florista

der Florist

el peluquero

der Friseur

el cobrador

der Schaffner

el mecánico

der Mechaniker

el capitán

der Kapitän

el dentista

der Zahnarzt

el científico

der Wissenschaftler

el rabino

der Rabbi

el imán

der Imam

el monje

der Mönch

el sacerdote

der Geistliche

las herramientas
die Werkzeuge

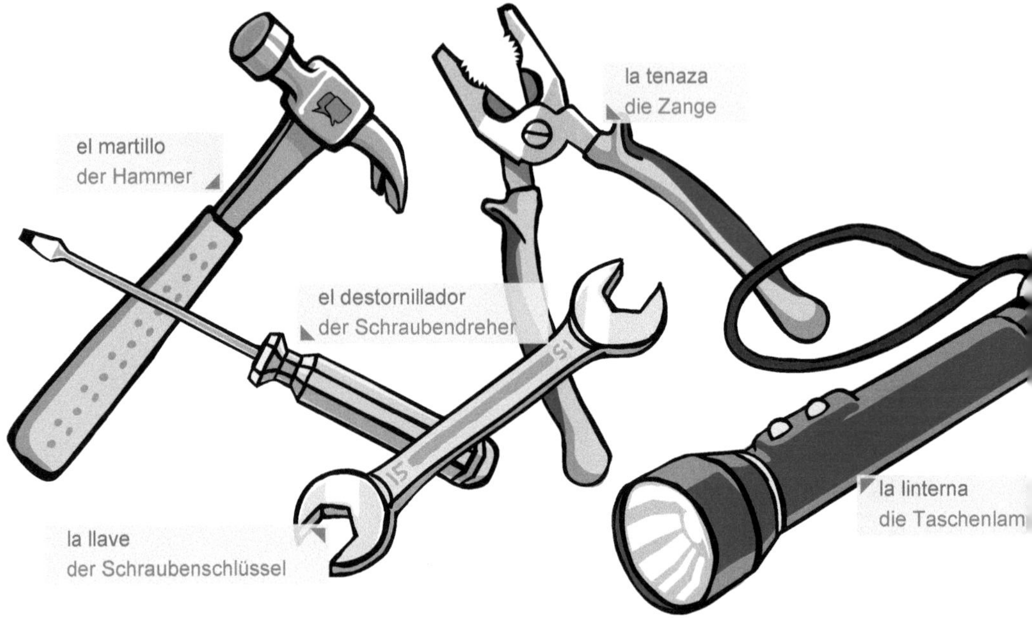

el martillo
der Hammer

la tenaza
die Zange

el destornillador
der Schraubendreher

la llave
der Schraubenschlüssel

la linterna
die Taschenlam

la excavadora
der Bagger

la caja de herramientas
der Werkzeugkasten

la escalera portátil
die Leiter

la sierra
die Säge

los clavos
die Nägel

el taladro
der Bohrer

arreglar

reparieren

la pala de jardín

die Schaufel

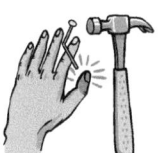

¡Qué bronca!

Mist!

la pala de plástico

das Kehrblech

el tacho de pintura

der Farbtopf

los tornillos

die Schrauben

los instrumentos musicales
die Musikinstrumente

el parlante
der Lautsprecher

la batería
das Schlagzeug

la guitarra
die Gitarre

el contrabajo
der Kontrabass

la trompeta
die Trompete

el piano

das Klavier

el violín

die Violine

el bajo

der Bass

los timbales

die Pauke

el tambor

die Trommeln

el teclado

das Keyboard

el saxofón

das Saxophon

la flauta

die Flöte

el micrófono

das Mikrofon

los instrumentos musicales - die Musikinstrumente

el zoológico
der Zoo

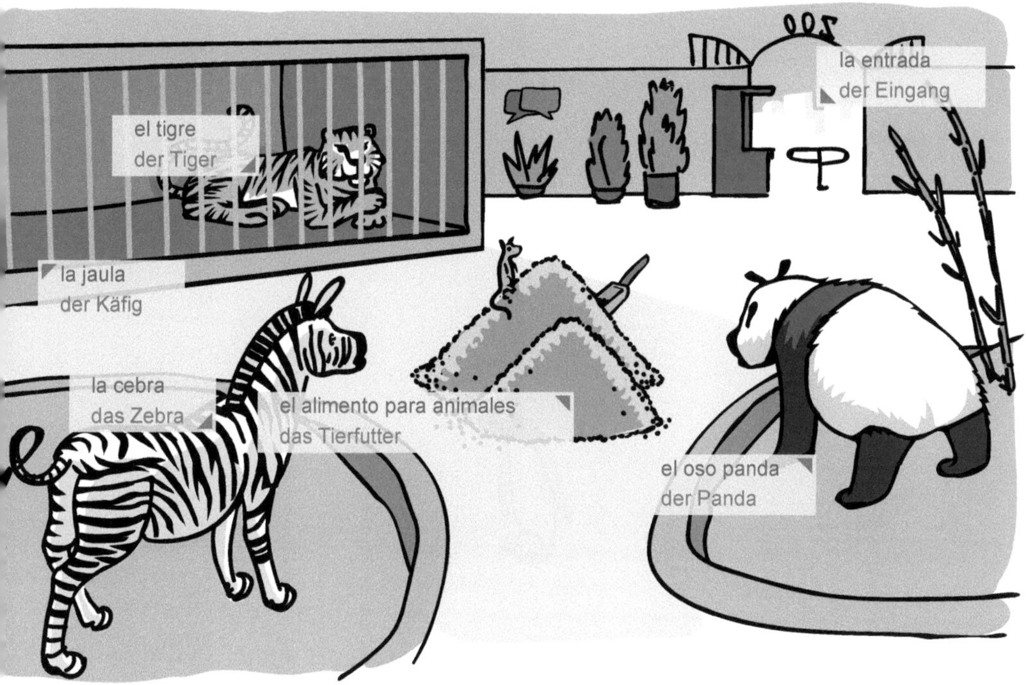

la entrada
der Eingang
el tigre
der Tiger
la jaula
der Käfig
la cebra
das Zebra
el alimento para animales
das Tierfutter
el oso panda
der Panda

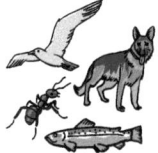

los animales
die Tiere

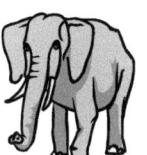

el elefante
der Elefant

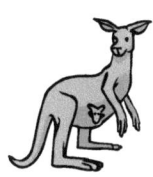

el canguro
das Känguruh

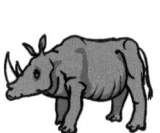

el rinoceronte
das Nashorn

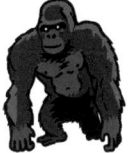

el gorila
der Gorilla

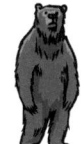

el oso
der Bär

el camello

das Kamel

el avestruz

der Strauß

el león

der Löwe

el mono

der Affe

el flamenco

der Flamingo

el loro

der Papagei

el oso polar

der Eisbär

el pingüino

der Pinguin

el tiburón

der Hai

el pavo real

der Pfau

la serpiente

die Schlange

el cocodrilo

das Krokodil

el cuidador del zoológico

der Zoowärter

la foca

die Robbe

el jaguar

der Jaguar

el poni

das Pony

el leopardo

der Leopard

el hipopótamo

das Nilpferd

la jirafa

die Giraffe

el águila

der Adler

el jabalí

das Wildschwein

el pescado

der Fisch

la tortuga

die Schildkröte

la morsa

das Walross

el zorro

der Fuchs

la gacela

die Gazelle

el fútbol americano
das American Football

el ciclismo
das Radfahren

el tenis
das Tennis

el básquet
der Basketball

la natación
das Schwimmen

el boxeo
das Boxen

el hockey sobre hielo
das Eishockey

el fútbol
der Fußball

el bádminton
das Badminton

el atletismo
die Leichtathletik

el handball
der Handball

el esquí
das Skilaufen

el polo
das Polo

las actividades
die Aktivitäten

saltar
springen
abrazar
umarmen
reír
lachen
caminar
gehen
cantar
singen
soñar
träumen
rezar
beten
besar
küssen

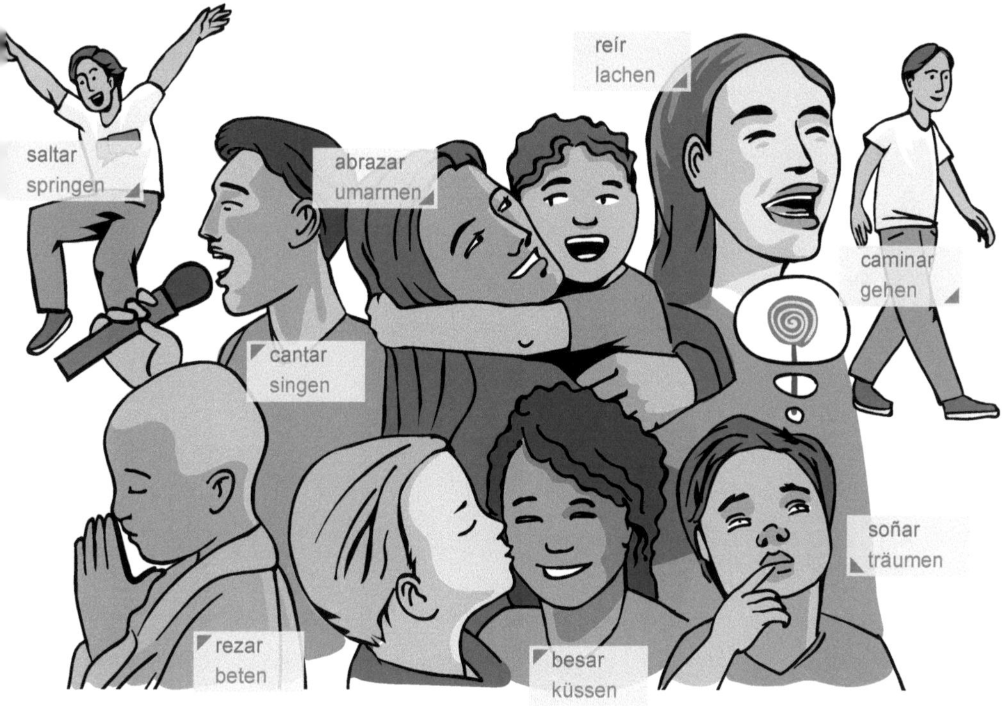

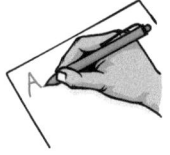

escribir

schreiben

dibujar

zeichnen

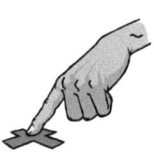

mostrar

zeigen

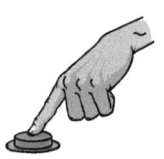

presionar

drücken

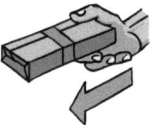

dar

geben

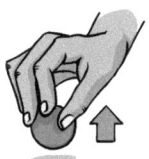

tomar

nehmen

tener

haben

hacer

tun

ser

sein

estar parado

stehen

correr

laufen

tirar

ziehen

tirar

werfen

caer

fallen

estar acostado

liegen

esperar

warten

llevar

tragen

estar sentado

sitzen

vestirse

anziehen

dormir

schlafen

despertar

aufwachen

mirar
ansehen

llorar
weinen

acariciar
streicheln

peinar
kämmen

hablar
reden

entender
verstehen

preguntar
fragen

escuchar
hören

beber
trinken

comer
essen

ordenar
aufräumen

amar
lieben

cocinar
kochen

manejar
fahren

volar
fliegen

las actividades - die Aktivitäten

navegar

segeln

calcular

rechnen

leer

lesen

aprender

lernen

trabajar

arbeiten

casarse

heiraten

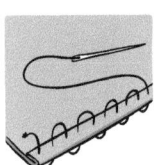

coser

nähen

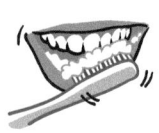

cepillarse los dientes

Zähne putzen

matar

töten

fumar

rauchen

enviar

senden

la familia
die Familie

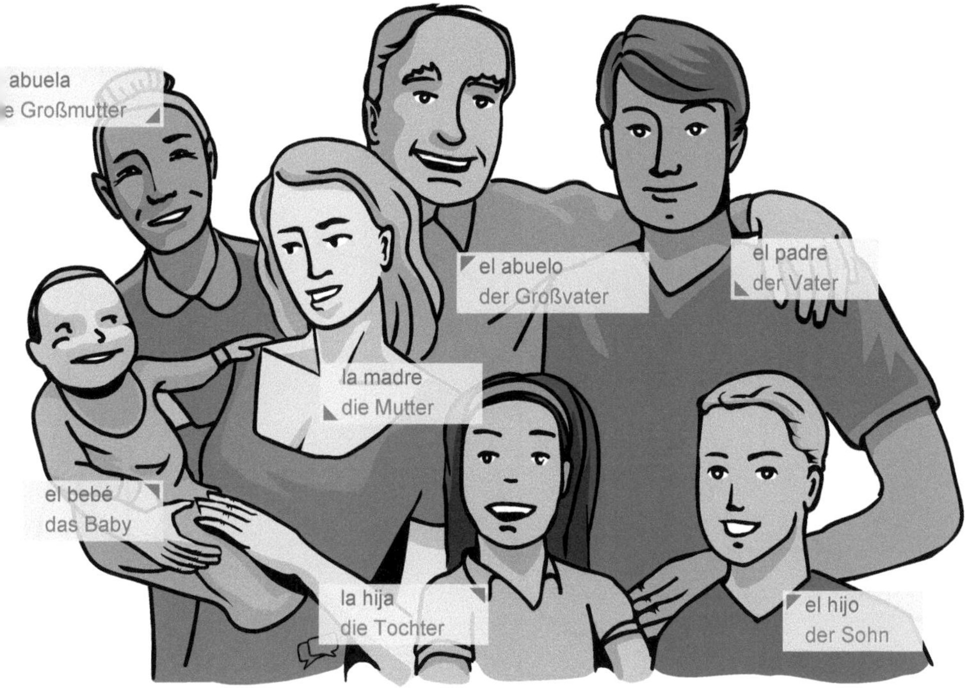

abuela
e Großmutter
el abuelo
der Großvater
el padre
der Vater
la madre
die Mutter
el bebé
das Baby
la hija
die Tochter
el hijo
der Sohn

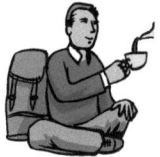

el invitado

der Gast

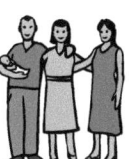

la tía

die Tante

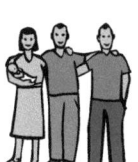

el tío

der Onkel

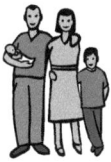

el hermano

der Bruder

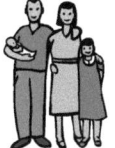

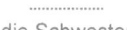

la hermana

die Schwester

el cuerpo

der Körper

la frente
die Stirn
el ojo
das Auge
el hombro
die Schulter
el dedo
der Finger
la cara
das Gesicht
la pera
das Kinn
la mano
die Hand
la pierna
das Bein
el pecho
die Brust
el brazo
der Arm

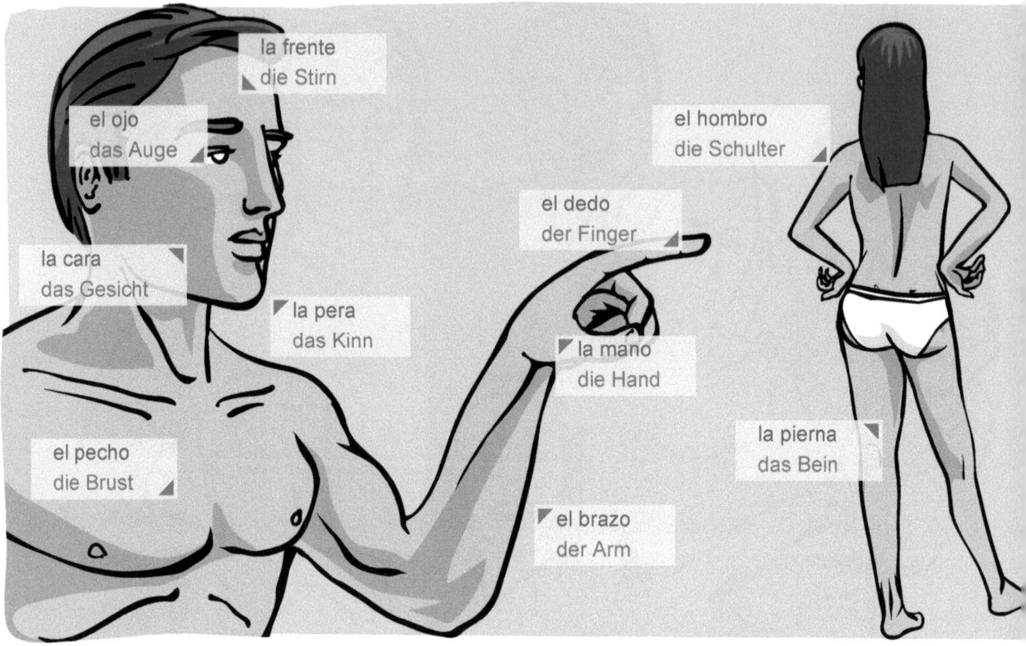

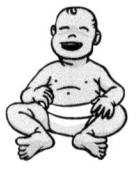

el bebé

das Baby

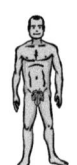

el hombre

der Mann

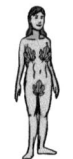

la mujer

die Frau

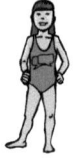

la nena

das Mädchen

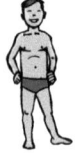

el nene

der Junge

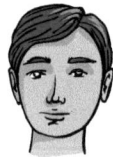

la cabeza

der Kopf

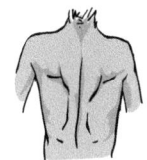

la espalda

der Rücken

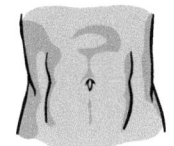

la panza

der Bauch

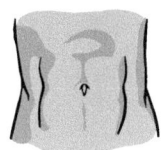

el ombligo

der Nabel

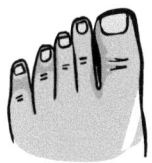

el dedo del pie

der Zeh

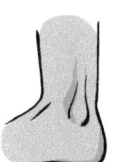

el talón

die Ferse

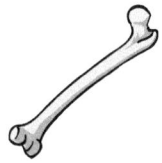

el hueso

der Knochen

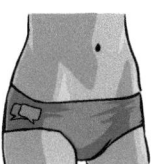

la cadera

die Hüfte

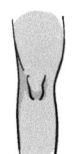

la rodilla

das Knie

el codo

der Ellenbogen

la nariz

die Nase

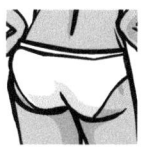

la cola

das Gesäß

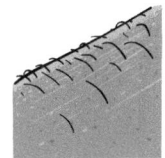

la piel

die Haut

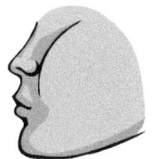

el cachete

die Wange

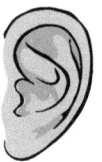

la oreja

das Ohr

el labio

die Lippe

la boca

der Mund

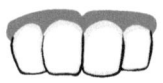

el diente

der Zahn

la lengua

die Zunge

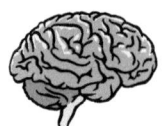

el cerebro

das Gehirn

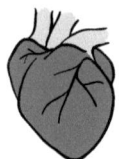

el corazón

das Herz

el músculo

der Muskel

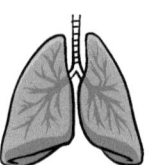

el pulmón

die Lunge

el hígado

die Leber

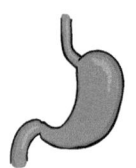

el estómago

der Magen

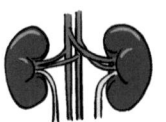

los riñones

die Nieren

el sexo

der Geschlechtsverkehr

el preservativo

das Kondom

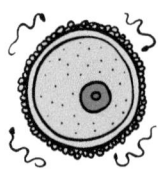

el óvulo

die Eizelle

el semen

das Sperma

el embarazo

die Schwangerschaft

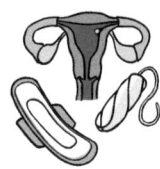

la menstruación

die Menstruation

la vagina

die Vagina

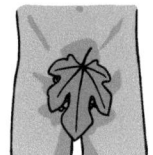

el pene

der Penis

la ceja

die Augenbraue

el pelo

das Haar

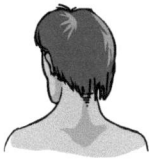

el cuello

der Hals

el hospital

das Krankenhaus

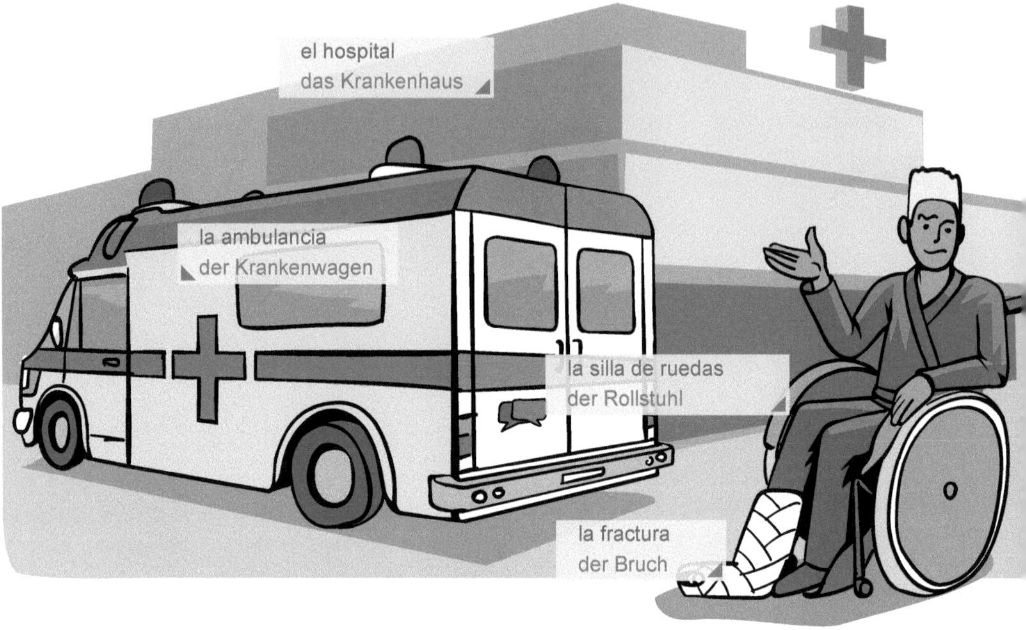

el hospital
das Krankenhaus
la ambulancia
der Krankenwagen
la silla de ruedas
der Rollstuhl
la fractura
der Bruch

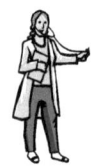

el médico

der Arzt

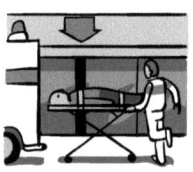

la sala de guardia

die Notaufnahme

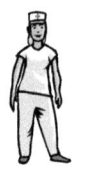

la enfermera

die Krankenschwester

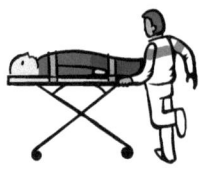

la emergencia

der Notfall

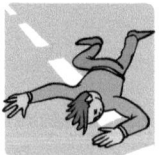

inconsciente

ohnmächtig

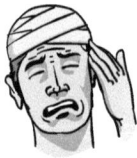

el dolor

der Schmerz

la lesión

die Verletzung

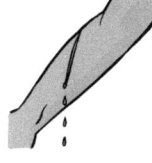

la hemorragia

die Blutung

el infarto

der Herzinfarkt

el ACV

der Schlaganfall

la alergia

die Allergie

la tos

der Husten

la fiebre

das Fieber

la gripe

die Grippe

la diarrea

der Durchfall

el dolor de cabeza

die Kopfschmerzen

el cáncer

der Krebs

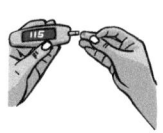

la diabetes

die Diabetis

el cirujano

der Chirurg

el bisturí

das Skalpell

la operación

die Operation

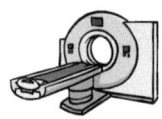

la TC

das CT

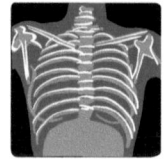

los rayos x

das Röntgen

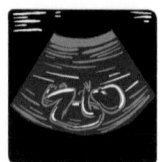

la ecografía

das Ultraschall

el barbijo

die Maske

la enfermedad

die Krankheit

la sala de espera

das Wartezimmer

la muleta

die Krücke

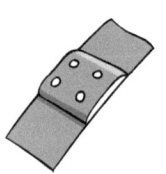

la curita

das Pflaster

la venda

der Verband

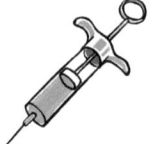

la inyección

die Injektion

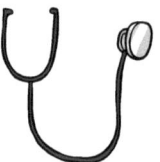

el estetoscopio

das Stethoskop

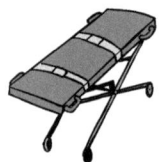

la camilla

die Trage

el termómetro

das Thermometer

el nacimiento

die Geburt

el sobrepeso

das Übergewicht

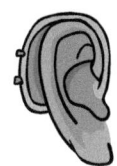

el audífono

das Hörgerät

el desinfectante

das Desinfektionsmittel

la infección

die Infektion

el virus

das Virus

el VIH / SIDA

das HIV / AIDS

el remedio

die Medizin

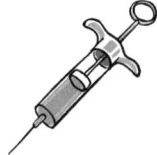

la vacunación

die Impfung

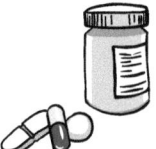

los comprimidos

die Tabletten

la pastilla anticonceptiva

die Pille

la llamada de emergencia

der Notruf

el tensiómetro

das Blutdruck-Messgerät

enfermo / sano

krank / gesund

¡Ayuda!

Hilfe!

la alarma

der Alarm

la agresión

der Überfall

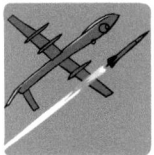

el ataque

der Angriff

el peligro

die Gefahr

la salida de emergencia

der Notausgang

¡Fuego!

Feuer!

el matafuego

der Feuerlöscher

el accidente

der Unfall

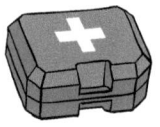

el botiquín de primeros
auxilios

der Erste-Hilfe-Koffer

el SOS

SOS

la policía

die Polizei

Europa

das Europa

América del Norte

das Nordamerika

América del Sur

das Südamerika

África

das Afrika

Asia

das Asien

Australia

das Australien

el Atlántico

der Atlantik

el Pacífico

der Pazifik

el Océano Índico

der Indische Ozean

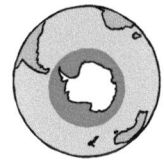

el Océano Antártico

der Antarktische Ozean

el Océano Ártico

der Arktische Ozean

el polo norte

der Nordpol

el polo sur

der Südpol

la Antártida

die Antarktis

la Tierra

die Erde

la tierra

das Land

el mar

das Meer

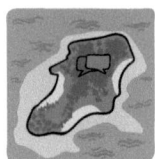

la isla

die Insel

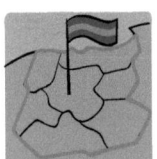

la nación

die Nation

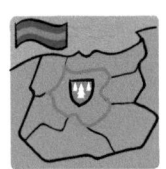

el estado

der Staat

la esfera

das Zifferblatt

la manecilla de las horas

der Stundenzeiger

el minutero

der Minutenzeiger

el segundero

der Sekundenzeiger

¿Qué hora es?

Wie spät ist es?

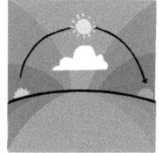

el día

der Tag

la hora

die Zeit

ahora

jetzt

el reloj digital

die Digitaluhr

el minuto

die Minute

la hora

die Stunde

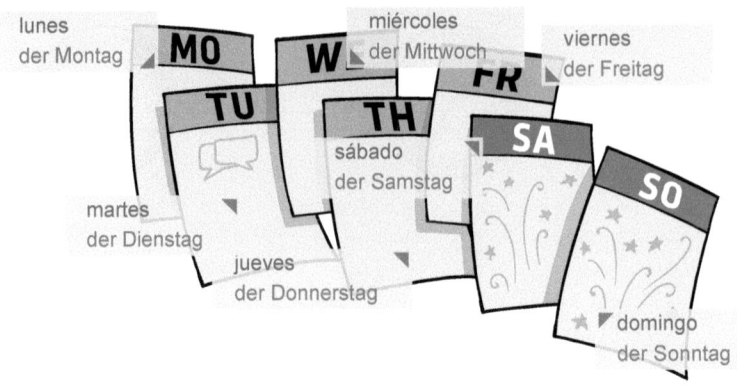

lunes
der Montag

miércoles
der Mittwoch

viernes
der Freitag

martes
der Dienstag

sábado
der Samstag

jueves
der Donnerstag

domingo
der Sonntag

ayer

gestern

hoy

heute

mañana

morgen

la mañana

der Morgen

el mediodía

der Mittag

la tarde

der Abend

los días hábiles

die Arbeitstage

el fin de semana

das Wochenende

el año

das Jahr

la lluvia
der Regen
el arco iris
der Regenbogen
la nieve
der Schnee
el viento
der Wind
la primavera
der Frühling
el otoño
der Herbst
el verano
der Sommer
el invierno
der Winter

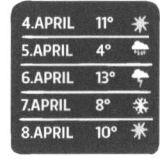

4.APRIL 11°
5.APRIL 4°
6.APRIL 13°
7.APRIL 8°
8.APRIL 10°

l pronóstico meteorológico

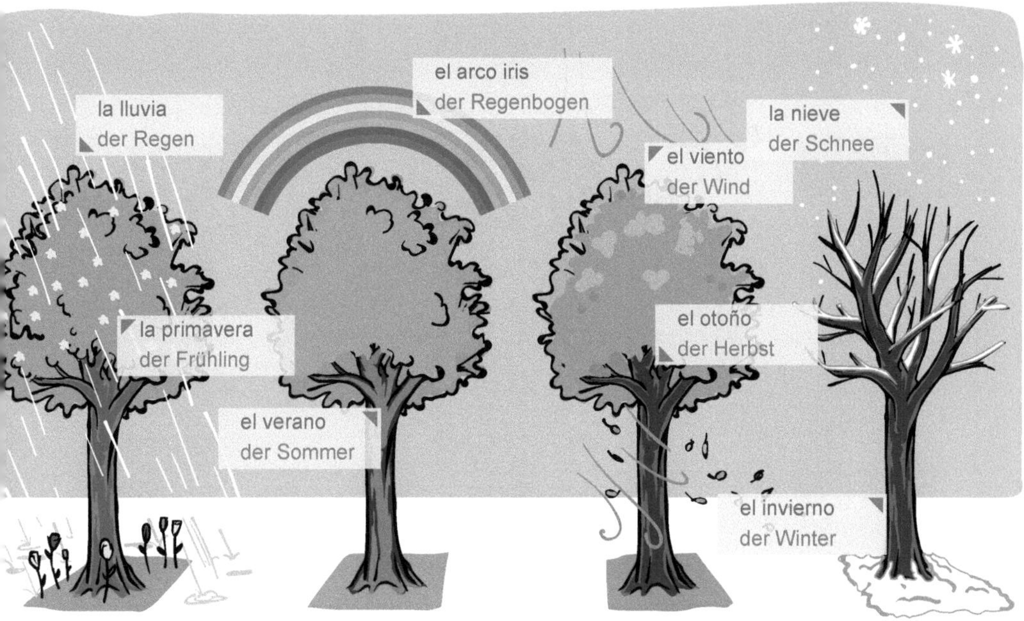

die Wettervorhersage

F
C
120
90
60
30
0
-30
40
30
20
10
0
-10
-20

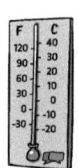

el termómetro

das Thermometer

la luz del sol

der Sonnenschein

la nube

die Wolke

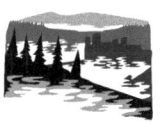

la niebla

der Nebel

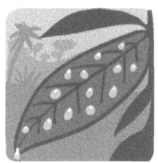

la humedad

die Luftfeuchtigkeit

el rayo

der Blitz

el trueno

der Donner

la tormenta

der Sturm

el granizo

der Hagel

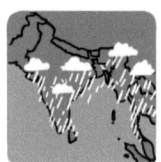

el monzón

der Monsun

la inundación

die Flut

el hielo

das Eis

enero

der Januar

febrero

der Februar

marzo

der März

abril

der April

mayo

der Mai

junio

der Juni

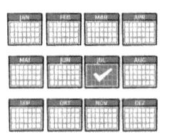

julio

der Juli

agosto

der August

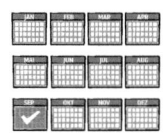

septiembre

der September

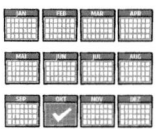

octubre

der Oktober

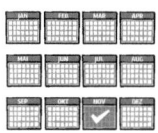

noviembre

der November

diciembre

der Dezember

las formas
die Formen

el círculo

der Kreis

el cuadrado

das Quadrat

el rectángulo

das Rechteck

el triángulo

das Dreieck

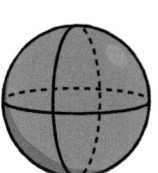

la esfera

die Kugel

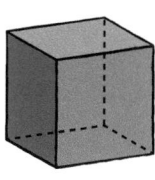

el cubo

der Würfel

blanco
weiß

amarillo
gelb

naranja
orange

rosa
pink

rojo
rot

violeta
lila

azul
blau

verde
grün

marrón
braun

gris
grau

negro
schwarz

mucho / poco

viel / wenig

enojado / tranquilo

wütend / friedlich

lindo / feo

hübsch / hässlich

el principio / el fin

der Anfang / das Ende

grande / chico

groß / klein

claro / oscuro

hell / dunkel

el hermano / la hermana

der Bruder / die Schwester

limpio / sucio

sauber / schmutzig

completo / incompleto

vollständig / unvollständig

el día / la noche

der Tag / die Nacht

muerto / vivo

tot / lebendig

ancho / angosto

breit / schmal

comestible / no comestible

....

genießbar / ungenießbar

malo / amable

....

böse / freundlich

entusiasmado / aburrido

....

aufgeregt / gelangweilt

gordo / flaco

....

dick / dünn

primero / último

....

zuerst / zuletzt

el amigo / el enemigo

....

der Freund / der Feind

lleno / vacío

....

voll / leer

duro / blando

....

hart / weich

pesado / liviano

....

schwer / leicht

el hambre / la sed

....

der Hunger / der Durst

enfermo / sano

....

krank / gesund

ilegal / legal

....

illegal / legal

inteligente / estúpido

....

intelligent / dumm

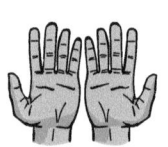

izquierda / derecha

....

links / rechts

cerca / lejos

....

nah / fern

nuevo / usado

neu / gebraucht

nada / algo

nichts / etwas

viejo / joven

alt / jung

encendido / apagado

an / aus

abierto / cerrado

offen / geschlossen

silencioso / ruidoso

leise / laut

rico / pobre

reich / arm

correcto / incorrecto

richtig / falsch

áspero / suave

rau / glatt

triste / contento

traurig / glücklich

corto / largo

kurz / lang

lento / rápido

langsam / schnell

mojado / seco

nass / trocken

caliente / frío

warm / kühl

guerra / paz

der Krieg / der Frieden

los números

die Zahlen

0

cero

null

1

uno

eins

2

dos

zwei

3

tres

drei

4

cuatro

vier

5

cinco

fünf

6

seis

sechs

7

siete

sieben

8

ocho

acht

9

nueve

neun

10

diez

zehn

11

once

elf

12

doce

zwölf

13

trece

dreizehn

14

catorce

vierzehn

15

quince

fünfzehn

16

dieciséis

sechzehn

17

diecisiete

siebzehn

18

dieciocho

achtzehn

19

diecinueve

neunzehn

20

veinte

zwanzig

100

cien

hundert

1.000

mil

tausend

1.000.000

el millón

million

los idiomas

die Sprachen

el inglés

Englisch

el inglés americano

Amerikanisches Englisch

el chino mandarín

Chinesisch Mandarin

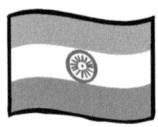

el hindi

Hindi

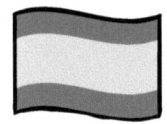

el español

Spanisch

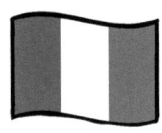

el francés

Französisch

el árabe

Arabisch

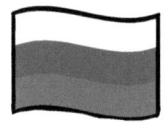

el ruso

Russisch

el portugués

Portugiesisch

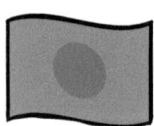

el bengalí

Bengalisch

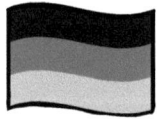

el alemán

Deutsch

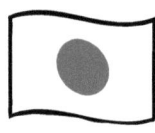

el japonés

Japanisch

yo

ich

vos

du

él / ella

er / sie / es

nosotros

wir

ustedes

ihr

ellos

sie

¿quién?

wer?

¿qué?

was?

¿cómo?

wie?

¿dónde?

wo?

¿cuándo?

wann?

el nombre

Name

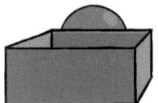

detrás

hinter

en

in

adelante de

vor

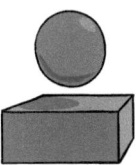

por encima de

über

sobre

auf

debajo de

unter

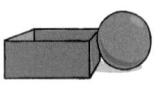

al lado de

neben

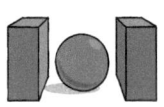

entre

zwischen

el lugar

der Ort